この本の見方

どんなもの？

どうぐやせつびが
どんなものか、どんなときに
やく立つのかがわかるよ。

見てみよう

どうぐやせつびの
それぞれのぶぶんの名前や
やくわりがわかるよ。

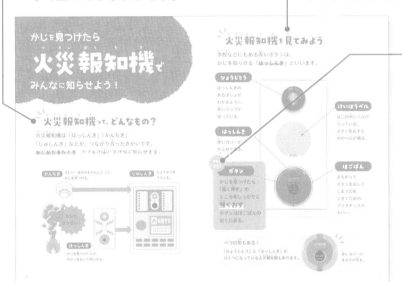

「じゅうよう！」マーク

つかうときに
とくにじゅうような
ぶぶんには、
このマークが
ついているよ。

じゅう
よう！

どこにある？

どうぐやせつびがどこにあるか
しょうかいしているよ。

どうぐのつかい方

どうやって
つかうのか、
つかうと
どうなるのかが
わかるよ。

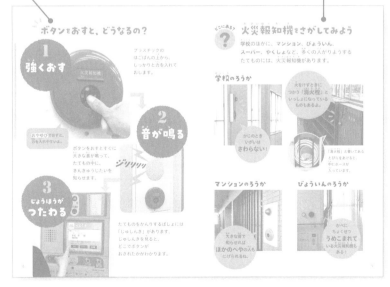

はじめに

もしも、たてものの中で

かじやじしんなどのきんきゅうじたいがおきたら、

どうすればよいでしょうか。

かじの場合には、「火災報知機」や「消火器」などの

どうぐがやくに立ちます。

いそいでたてものからにげるには、

「非常口」や「避難かいだん」をつかいます。

このような、どうぐやせつびは

たてものの中にそなえられているので、

どこにあるのか知っておくことが大切です。

この本では、もしものときにつかうかもしれない

どうぐやせつびのつかい方をしょうかいします。

ただし、けっしていたずらでさわらないこと。

そして、子どもだけでつかうのがキケンなものは

かならず大人といっしょにつかうことを

おぼえておいてください。

どうやってつかうかを学んで、いざというときに

自分でみをまもれるようになりましょう。

こどものための

もしも マニュアル

「きんきゅうじたいにつかうもの」がわかる本

① たてものの中 編

佐藤 健 監修

理論社

たてものの中で きんきゅうじたい がおきた！

どうすれば いい？

かじを見つけたら

火災報知機で知らせる
➡ 6 〜 11ページ

消火器で火をけす
➡ 14 〜 21ページ

ほのおや けむりが せまってきたら

避難かいだんでにげる
➡ 22 〜 25ページ

避難はしごでにげる
➡ 28 〜 31ページ

じしんがおきて たてものの 中（なか）が キケンなときは

避難（ひなん）かいだんでにげる
➡ 22 〜 25ページ

じしんでドアが あかなくなったら

避難（ひなん）はしごでにげる
➡ 28 〜 31ページ

じしんやていでんで エレベーターが とまったら

非常（ひじょう）ボタンで助（たす）けをもとめる
➡ 32 〜 35ページ

かじを見つけたら
火災報知機で
みんなに知らせよう！

火災報知機って、どんなもの？

火災報知機は「はっしんき」「かんちき」
「じゅしんき」などが、つながり合ったきかいです。
かじがおきたとき、たてもの中にすばやく知らせます。

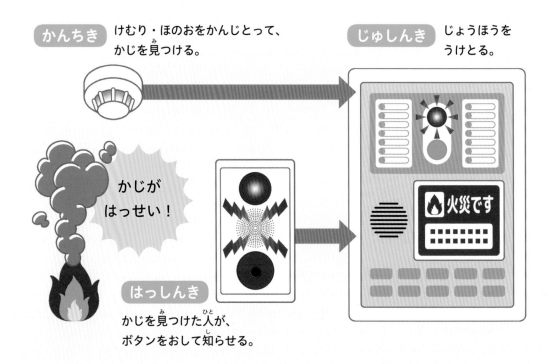

かんちき　けむり・ほのおをかんじとって、かじを見つける。

じゅしんき　じょうほうをうけとる。

かじが
はっせい！

火災です

はっしんき
かじを見つけた人が、
ボタンをおして知らせる。

火災報知機を見てみよう

学校などにもある赤いボタンは、
かじを知らせる「はっしんき」といいます。

ひょうじとう

はっしんきの
あるばしょが
わかるように、
赤いランプが
光っている。

はっしんき

赤いカバーが
かぶせてある。

じゅうよう！ ボタン

かじを見つけたら
「強く押す」の
ところをしっかりと
強くおす。
ボタンはほごばんの
おくにある。

けいほうベル

はこの中にベルが
入っている。
ボタンをおすと
中のベルが鳴る。

ほごばん

まちがって
ボタンをおして
しまうのを
ふせぐための、
プラスチックの
カバー。

べつの形もある！

「ひょうじとう」と「はっしんき」が
ひとつになっている火災報知機もあります。

赤いカバーの
まわりが光る。

ボタンをおすと、どうなるの？

1 強くおす

プラスチックの
ほごばんの上から、
しっかりと力を入れて
おします。

おやゆびでおすと、
力を入れやすいよ。

2 音が鳴る

ボタンをおすとすぐに
大きな音が鳴って、
たてもの中に、
きんきゅうじたいを
知らせます。

ジリリリリ

3 じょうほうが つたわる

たてものをかんりするばしょには
「じゅしんき」があります。
じゅしんきを見ると、
どこでボタンが
おされたかがわかります。

火災です

001 火災(発信機)   10:49
本館　01階02地区

本館　南 1階
発信機

火災です 現場を確認してください
現場は火災でしたか？

はい　　いいえ　　全体図

漏れは発生していません

TOUCH SENSOR PANEL

火災報知機
電話

強く押す

火災報知機をさがしてみよう

学校のほかに、**マンション、びょういん、
スーパー、やくしょ**など、多くの人がりようする
たてものには、火災報知機があります。

学校のろうか

かじのとき
いがいは
さわらない！

火をけすときに
つかう「**消火栓**」と
いっしょになっている
ものもあるよ。

「消火栓」と書いてある
とびらをあけると、
中にホースが
入っています。

マンションのろうか

大きな音で
知らせれば
ほかのへやの人も
にげられるね。

びょういんのろうか

かべに
ちょくせつ
**うめこまれて
いる火災報知機も
ある！**

家にも火災報知機がある!?

家の中のかじを知らせるそうちは「住宅用火災警報器」といいます。

学校にあるものと
どうちがう?

けむりやほのおをかんじとって
警報器そのものが鳴る!

けむりを
かんじとるタイプ

ほのおの熱を
かんじとるタイプ

こんなそうちもある!

近くの火災警報器が
かじをかんじとると、光で
知らせるそうちもあります。
音が聞こえにくい人でも
あんしんです。

てんけんがだいじ!

いざというときのために
てんけんや、こうかんをわすれずに!

10年くらい
たったら
こうかん!

ボタンを
おして
てんけん!

家の中の どこにある？

しんしつなどのてんじょうやかべに とりつけられているよ！

しんしつ
しんしつ（ねるへや）には、かならず火災警報器をとりつけなければなりません。

かいだん
しんしつがあるかいのかいだんにも、火災警報器をとりつけなければなりません。

しんしつ

そのほかのへや
ちいきによっては、火災警報器をとりつけるきまりになっています。

キッチン
火をつかうので、**かじがおきやすいばしょ。**
ちいきによっては、火災警報器をとりつけるきまりになっています。

※火災警報器のとりつけについては、ほうりつなどできめられています。
※おふろ、トイレ、せんめんじょなどには、火災警報器をとりつけるきまりはありません。

かじやじしんのとき
すぐににげられるように

非常口の

きんきゅうじたいがおきたとき、たてものからにげるための
出口が「非常口」です。非常口のマークは2しゅるいあって、
白いマークのやじるしをたどると、非常口に行けます。

1 このマークのやじるしをたどろう！

やじるしのほうこうへ
行くと、非常口につく

白く光っているマークが
非常口への行き方をしめすマーク

こんなマークもあるよ！

やじるしが
大きい！

やじるしが
**右と左
りょうほうに**
ある！

どちらに行っても
非常口があります。

このマークも、
いみは同じです。

マークをさがそう！

2 このマークの出口からにげよう！

みどり色に光っているマークが
非常口をしめすマーク

やじるしがある場合は
その先に非常口がある

みどり色のマークの下に
あるドアが、非常口

こんなマークもあるよ！

マークが
小さい！

見おとさないように、ちゅうい！

13

火が出ているところを見つけたら
消火器で
大人といっしょに火をけそう！

消火器はどんなときにつかう？

火が小さいうちにすばやくけして、
もえ広がるのをふせぎます。
もえはじめたばかりの小さな火なら、
消火器でけすことができます。

なべから
火が出た！

たとえば
こんなとき

ストーブの火が
もえうつった！

コンセントから
火が出た！

ほのおが
大きい場合は
むりして火を
けそうとしないで、
すぐににげよう。

消火器を見てみよう

レバー

ここを強く
にぎると、
消火器のなかみが
ふき出す。

あんぜんピン

じこや、いたずらで
レバーがうごいて
しまわないように、
ロックするぶひん。

あつりょく計

消火器の中の
ガスの力の強さを
しめすメーター。

ホース

消火器のなかみは、
ここを通って
ノズルに
おくられる。

ノズル

消火器のなかみが
出てくるところ。

色やデザインが
ちがう消火器も
あるよ。

どんなかじに
つかえるのかな？

この消火器がどんなかじを
けすのに合っているかを
マークであらわしています。

→ 21ページ

15

消火器のつかい方を知っておこう

1 はこぶ

まずは、火からはなれたあんぜんなところに、消火器をもってきます。

かならずレバーをもつ。なかみが出てしまうことがあるので、あんぜんピンのぶぶんはもたない。

2 あんぜんピンをぬく

あんぜんピン（あんぜんせん）をぬいて、ロックをはずします。レバーがにぎれるようになります。

消火器の中には、火をけすためのくすりが入っています。
それを、ガスの力でふき出させて、火をけします。

3 ノズルを火に むける

3～5メートルはなれる

本体から
ホースをはずし、
ノズルをもって、
火にむけてかまえます。

本体からホースをはずす
ときは、上にひっぱらず、
よこむきに引き出す。

グイッ

ノズルを
火にむけたまま
レバーを
強くにぎると、
消火器のなかみが
いきおいよく
ふき出します。

4 レバーを にぎる

火のねもとをねらうと
火がきえやすい。

17

どこにある？ ❓ 消火器があるばしょを知ろう

多くの人があつまるしせつや、マンション、学校などには消火器をかならずおくように、ほうりつできめられています。

学校

ろうかのほかに**理科室**や**かていか室**、**たいいくかん**にもよくあるよ。

ショッピングモール

売り場が**広い**のでいろいろなところに**いくつも**あるよ。

マンション

はこに入っていることも！

ろうかにおかれていたり、**かべ**にそなえつけられていたりするよ。

いろいろな消火器

ホースがなく、本体に
ノズルがついている消火器。
かるくてつかいやすいので、
家にそなえておくとよい。

「にさんかたんそ」という
ガスの力で火をけす消火器。
とくに、電気がげんいんの
かじにむいている。

タイヤがついた大きな消火器。
広いばしょをいどうしやすい。

くすりをくわえた水で
火をけす消火器。
きかいがあるばしょや、
びょういんなどでも
あんぜんにつかえる。

マークをかくにん！

消火器の本体についている
マークは、その消火器で
けすことができるかじの
しゅるいをあらわしています。

紙や木、
ぬのなどが
もえるかじ

あぶらが
もえるかじ

電気が
げんいんの
かじ

消火器のつかい方を

くんれん用の消火器にさわって、
じっさいにつかい方をたいけんできるばしょがあります。
いざというとき、消火器がつかえるように、れんしゅうしましょう。

学校の ぼうさいくんれん

学校では年に何回か、
かならず、ぼうさいくんれん
（避難くんれん）をおこないます。
そのときに、消火器のつかい方を
たいけんできる場合があります。

学校に
しょうぼうしさんが
来て、
消火器のつかい方を
教えてくれるよ。

くんれん用の
まとをねらって
はっしゃ！

※消火器のたいけんは、
高学年になってから
おこなうことが多いです。

たいけんしてみよう!

ちいきの ぼうさいたいけんしせつ

日本中^{にほんじゅう}のいろいろなところに
「ぼうさいかん」や「ぼうさいセンター」というしせつがあります。
ここでは、かじやじしんについて、
たいけんをしたり、学^{まな}んだりできます。

※ないようによって、ねんれいせいげんがあります。

大きな
スクリーンに
うつし出^だされた
火^ひをけそう!

くんれん用^{よう}の
消火器^{しょうかき}のなかみは水^{みず}。
だけど、つかい方^{かた}は
ほんものと
同^{おな}じだよ。

きんきゅうじたいがおきたら避難（ひなん）かいだんでたてものの外（そと）ににげよう！

避難（ひなん）かいだんって、どんなもの？

じしんや、かじなどがおきたとき、地上（ちじょう）に出（で）られるかいまであんぜんに、ちょくせついどうできるかいだんが、「避難（ひなん）かいだん」です。「非常（ひじょう）かいだん」ともいいます。

これが避難（ひなん）かいだんだよ！

ここが「避難（ひなん）かい」

「避難（ひなん）かい」にむかおう！
地上（ちじょう）に出（で）られるかいのことを「避難（ひなん）かい」というよ。1かいが、避難（ひなん）かいになっていることが多（おお）いね。

22

避難かいだんを見てみよう

避難かいだんには、たてものの外にあるものと、
中にあるものがあります。たてものと避難かいだんは、
「ぼうか戸」で、しきられています。

たてものの外にあるかいだん

かいだんに出るためのドアには、
ふだんは、カギがかかっている
ことが多い。

たてものの中にあるかいだん

ふだんからつかえるように
なっているものが多い。

ぼうか戸

けむりやほのおを
ふせぐドア。

ふだんは
ひらいていて
かじがおこったとき
じどうてきに
とじる
ぼうか戸もあるよ。

避難かいだんのつかい方を知っておこう

1 カギを あける

避難かいだんにつづくドアのカギをあけます。きんきゅうじたいには、カバーをとって手であけられるカギもあります。

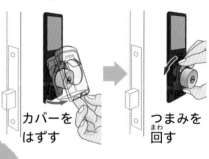

カバーをはずす → つまみを回す

2 ドアを ひらく

さいごの人はドアをしめてかいだんにほのおが広がらないようにします。

避難のほうこう

避難のためのドアは、**避難するほうこう**にむかってひらきます。

3 かいだんを おりる

避難かいまでおりたら外に出て、たてものからはなれます。

どこにある？ ？ 避難かいだんをさがしてみよう

たてものの「**避難けいろ図**」を見ると、
避難かいだんがあるばしょがわかります。

やじるしの
先にある
かいだんが
避難かいだん
だよ！

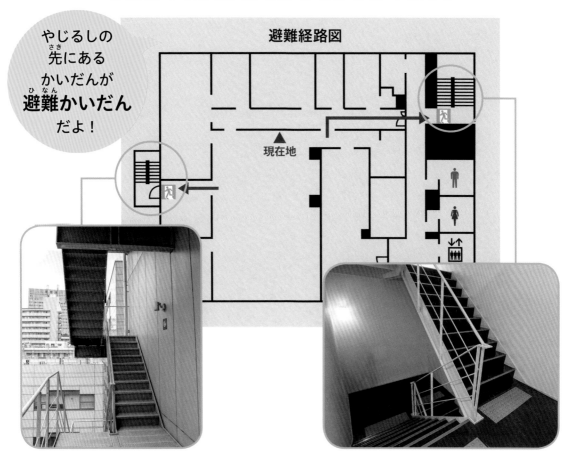

避難経路図

現在地

そなえておこう！

避難かいだんは、たてものから
すばやくにげるための大切な
ルートです。避難かいだんの
とちゅうやドアの前に、ものを
おいてはダメ！　いつでも
通れるようにしておきましょう。

避難するときのポイントは？

かじで避難するときは？

けむりをすわないように ひくいしせいで！

けむりは
上にのぼり
てんじょうに
たまる！

ハンカチやタオルで
口と、はなをおおって、
ひくいしせいで、にげます。

けむりでまわりが
見えないときは、かべを
さわりながら歩きます。

じしんで避難するときは？

あわてずおちついて こうどうしよう！

みんなが
いっせいに
出口にむかうと
キケン！

出口

お店や駅では、かかりの人の言うことを
聞いて避難しましょう。

「お・か・し・も」をまもって あんぜんに にげよう!

お さない
あわてて人（ひと）をおすと、あぶない！
たおれてにげおくれてしまうかも。

か けない
せまいろうかや
かいだんでは
走（はし）るとキケン！

※つなみや、かじから早（はや）くはなれるために
　走（はし）ったほうがよい場合（ばあい）もあります。

し ゃべらない
おしゃべりしていると
だいじなお知（し）らせが
聞（き）こえません。

も どらない
わすれものをしても
とりにもどってはいけません。

かいだんをつかえないときは
避難(ひなん)はしごをつかってにげよう！

避難(ひなん)はしごって、どんなもの？

「避難(ひなん)はしご」は、高(たか)いたてものからにげるためのどうぐです。
かじや、じしんがおきて、にげなければならないのに
へやから出(で)られないときは、「避難(ひなん)はしご」をつかって
あんぜんににげることができます。

避難(ひなん)はしごは
マンションなどの
ベランダに
とりつけられている
ことが多(おお)いよ。

避難(ひなん)はしごの上(うえ)にはものをおかないで！

避難(ひなん)はしごのフタ（避難(ひなん)ハッチ）は、
すぐにあけられるようにして
おかなければいけません。上(うえ)に
ものをおくのは、やめましょう。

避難はしごを見てみよう

避難ハッチ
この中に、はしごが
しまってある。

フタをあけて
はしごをおろすと…

じゅう
よう！

チャイルドロック

まちがってあけてしまうのを
ふせぐそうち。フタを少し
上げ、**とめぐをはずす**と
フタがあけられるように
なる。

フタ

手がけ
ここを手でつかんで
はしごをおります。

かいほうレバー
手や足で、このレバーをおすと
はしごが下にのびます。

はしご

避難はしごのつかい方を知っておこう

いっぱいまであけると、フタはひらいたままになります。

チャイルドロック

1 避難ハッチをあける

チャイルドロックをはずして、フタをあけます。

2 はしごをおろす

下に人がいないことをたしかめてから、レバーをおしてはしごをおろします。

おちないようにちゅうい！大人といっしょにつかいましょう。

手がけ

3 おりる

フタについている「手がけ」をにぎり、足もとに気をつけて、1だんずつおります。

見てみよう！

いろいろな避難はしご

避難ハッチをあけてつかう
タイプのほかにも、
さまざまな避難はしごがあります。

ひっかけて
つかうよ！

手すり

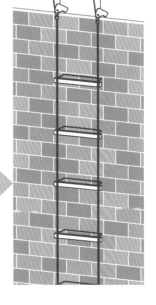

つり下げはしご

はこから出し、かなぐを
ベランダの手すりなどに
ひっかけて、はしごを
のばしてつかいます。

こていはしご

たてものにそなえつけて
ある避難はしごです。
どろぼうにつかわれないように、
ふだんはしまってあって、
つかうときに出します。

はしご

つかうとき
広げる

自分の家のベランダに
避難はしごがないときは？

となりのベランダとの間にある
「へだていた」をけりやぶって、
避難はしごがあるところまで
行って、避難します。

非常の際には、ここを破って
隣戸へ避難出来ます
この付近に物を置かないで下さい

へだていた

31

エレベーターにとじこめられたら
非常ボタンで
助けをもとめよう！

非常ボタンって、どんなもの？

エレベーターについている非常ボタンをおすと、
たてもののかんりしつや、エレベーターのかんり会社に
つながります。エレベーターの中から外にれんらくをとって、
助けをもとめることができます。

どうされましたか？

たてものの
かんりしつ

つながる

つながる

ボタンを
おす。

エレベーターの
かんり会社

非常ボタンを見てみよう

インジケーター

エレベーターが今、
何かいにいるのかなどを
しめすがめん。

じゅうよう！

非常ボタン

じゅわきのマークを
長くおすと、
インターホンで
エレベーターの
外につながる。

インターホン

きんきゅうじたいが
おきたとき、
エレベーターの外の人と
話ができる。

行き先かいボタン

もくてきのかいに
エレベーターを
とめるためのボタン。

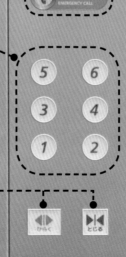

車いすの人も
おしやすいように、
ひくいいちにも
ボタンがあるよ。

手がとどかなかったら、
このボタンをつかおう。

かいへいボタン

ドアをあけたり、
しめたりするための
ボタン。

33

非常ボタンのつかい方を知っておこう

ボタンをおすと、ひじょうベルが鳴る場合もあります。

1 ボタンを長くおす

まちがえておしてしまうのをふせぐために、長くおさないとつながらないようになっています。

2 外の人と話す

インターホンがつながったら、だれがのっていてどんなじょうたいなのかおちついてつたえます。

すぐにつながらなくてもあきらめずに、おちついて助けをもとめつづけましょう。

「ぼうさいキャビネット」って知ってる？

エレベーターのすみに、いすのようなものがおかれていることがあります。これは、ぼうさいキャビネットです。とじこめられたとき、中のものをつかいます。

あけると水や食べものなどが入っている！

？ きんきゅうじたいがおきたときに エレベーターにのっていたら？

どうする？

じしんのときは……

ボタンをぜんぶおす！

行き先かいボタンをぜんぶおして、
とまったかいにおります。

かじのときは……

「避難かい」でおりる！

エレベーターが
「避難かい」にとまったら、
おりてにげます。
「避難かい」って？ ➡ 22 ページ

避難するときは？

じしんや、かじのときは
エレベーターがうごかなくなってしまう
場合があります。
エレベーターはつかわずに、
かいだんでにげましょう。

きんきゅうじたいに こまって

しょうがいがある人やお年よりなど、みんなと同じように
避難することが、むずかしい人たちもいます。
手助けできることはないか、考えてみましょう。

目がふじゆうな人は…

まわりの**ようすが**
わからない

声をかけて
ことばで
つたえよう！

ひとりでの**避難が**
むずかしい

つかまって
もらうなどして
いどうを
助けよう。

耳がふじゆうな人は…

サイレンやお知らせが**聞こえない**

文字や
絵で
つたえよう！

みぶりや
手ぶりで
つたえても
いいよ。

かじなので
いっしょに
にげま
しょう

いる人はいないかな？

体がふじゆうな人は…

ひとりでの避難が
むずかしい

車いすを
おすなどして
いどうを
助けよう。

車いすを
おすときは
かならず声を
かけてから！

車いすごと
もち上げる場合は、
大人が3〜4人で
はこびます。

よく話し合おう！

どんな人もとりのこさず
みんなが助かるために
さいがいにそなえることを
「インクルーシブぼうさい」
といいます。外国の人、
赤ちゃん、にんぷさんなど、
いろいろな人のことを考えて
よく話し合うことが大切です。

赤ちゃん、にんぷさん
外国の人
お年より

どうぐを つかう前に 知っておこう！

まずは自分の

かじを見つけたら

「知らせる」「にげる」

みんなが気づいていないときは……

**まわりの人に
早く知らせる！**

かじだー!!

大声で「かじだー！」とさけんだり
火災報知機のボタンをおしたりして、
みんなに知らせます。

大人といっしょのときは……

火が小さいうちに早くけす！

かじが広がらないうちに、早くけすことがだいじ。
子どもだけだとあぶないので、大人に聞いて、
できることを手つだいましょう。

ほのおが大きいときは……

いそいでにげる！

火がてんじょうにとどくくらい
大きいときや、けむりがすごいときは、
いそいでにげましょう。
あんぜんなばしょににげたら、119番に電話して！

みをまもろう！

じしんがおきたら
あんぜんなところへ！

あんぜんなばしょは……

キケンなものからはなれて
テーブルなどの下へ！

ものがおちてきたり、たおれたりしそうなところや、
まどガラスからはなれて、テーブルやつくえの下に
かくれましょう。

あんぜんなしせいは……

しゃがんで頭をまもる！

テーブルなどの下では、テーブルのあしをもって
たおれないようにささえます。
かくれるばしょがなければ、その場でしゃがんで
頭をまもりましょう。クッションや
かばんがあれば頭にのせて、頭をまもります。

ゆれがおさまったら……

まわりに気をつけて避難する！

われたガラスや、おちているものに
気をつけて避難します。ケガをしないように、
へやの中でもスリッパやくつをはきましょう。

さくいん

監修　**佐藤 健** さとう・たけし

（東北大学災害科学国際研究所
防災実践推進部門 防災教育実践学分野・教授）

工学（都市・建築学）に軸足を置きながら防災・減災研究に取り組み、教育学や社会学、経済学、理学、医学などとの学際融合による新しい研究成果の創造と、その社会実装による減災社会の構築を目指している。また、東日本大震災の被災地の復興に関しては、学校の防災管理や子どもたちの防災教育を推進するための教育現場に対する支援も行っている。

編著　**WILLこども知育研究所**

幼児・児童向けの知育教材の企画・開発・編集を行う。おもな編著に、『知らなかった！ おなかのなかの赤ちゃん図鑑』（岩崎書店）、『語りつぎお話絵本3月11日（全8巻）』（学研プラス）、『むかしからつたわる遊び（全5巻）』（金の星社）、『身近で取り組むSDGs（全3巻）』（フレーベル館）、『医療・福祉の仕事 見る知るシリーズ（全25巻）』（保育社）、『調べてまとめる！ 仕事のくふう（全5巻）』（ポプラ社）など多数。

監修	佐藤 健
編著	WILLこども知育研究所
撮影	田辺エリ、横田裕美子（STUDIO BANBAN）、向村春樹（WILL）
取材	清水理絵（WILL）
DTP	小林真美（WILL）、清水理絵（WILL）
イラスト	池田蔵人、斉藤ヨーコ
デザイン	鷹觜麻衣子
装丁	パパスファクトリー
校正	村井みちよ

協力（掲載順）
ホーチキ株式会社　　　　　　モリタ宮田工業株式会社
東京消防庁 赤坂消防署　　　根室市立落石小学校
東京消防庁 本所防災館　　　美和ロック株式会社
ナカ工業株式会社　　　　　　株式会社日立ビルシステム

写真提供　PIXTA

こどものためのもしもマニュアル
「きんきゅうじたいにつかうもの」がわかる本
①たてものの中 編

発行者	鈴木博喜
編集	大嶋奈穂
発行所	株式会社　理論社
	〒101-0062　東京都千代田区神田駿河台2-5
	電話　営業 03-6264-8890
	編集 03-6264-8891
	URL　https://www.rironsha.com

2024年1月初版　2024年7月第2刷発行

印刷・製本　TOPPANクロレ　上製加工本
©2024 WILL , Printed in Japan
ISBN 978-4-652-20589-1　NDC369　B5判　40p